DIE KUNST DER SCHLAG- FERTIGKEIT

Tipps für schlagfertige Erwiderungen im Beruf

Verfasst von Benjamin Fléron
Übersetzt von Mareike Lobeck

DIE KUNST DER SCHLAGFERTIGKEIT

- **Ziel:** mit einer passenden Antwort im angemessenen Ton einen mündlichen Schlagabtausch gewinnen
- **Anwendung:** mit der richtigen Vorgehensweise seine Meinung vertreten, sich durchsetzen und seine berufliche Glaubwürdigkeit schützen
- **Arbeitskontext:** Personalwesen, Persönlichkeitsentwicklung, Geschäftsbeziehungen
- **FAQ:**
  - Ist Schlagfertigkeit angeboren?
  - Kann jeder schlagfertig werden?
  - Was unterscheidet eine gute Erwiderung von einer schlechten?
  - Wie sollte ich mich verhalten, um meine Erfolgschancen zu maximieren?
  - Was bringt es mir, schlagfertiger zu werden?
  - Wie werde ich schlagfertiger?
  - Was sollte ich einem Kollegen antworten, der sich ständig über mein Aussehen lustig macht?

EINLEITUNG

Wer hat sich nach einer lebhaften Diskussion mit einem Kollegen, nach einem bissigen Kommentar seines Vorgesetzten oder beim Verlassen eines Geschäftstreffens nicht schon gefragt: „Warum, um alles in der Welt, habe ich nichts darauf erwidert?" Doch unabhängig davon, ob es sich um eine Entgegnung handelt, die den Gesprächspartner zum Schweigen bringt, ein rhetorisches Ausweichmanöver, um eine unangenehme Frage nicht beantworten zu müssen, oder einen humorvollen Kommentar, mit der eine angespannte Situation aufgelockert werden kann: Die passende Antwort fällt einem erst ein, wenn die Schlacht schon geschlagen – und meist verloren –ist. Sie sind in einer solchen Situation vielleicht frustriert, sich nicht so gut, wie Sie es wollten, verteidigt zu haben, oder fühlen sich gedemütigt, weil Sie sich nicht verteidigen konnten, nachdem Sie in der Öffentlichkeit gemaßregelt wurden. Sie machen sich also Vorwürfe und ärgern sich über Ihre mangelnde Schlagfertigkeit.

„Wenn ich das doch bloß lernen könnte", sagen Sie sich. Die gute Nachricht: Genau das können Sie!

Anders als viele immer noch glauben, ist Schlagfertigkeit kein angeborenes Talent. Es handelt sich weder um ein Geschenk des Himmels, das von einer Handvoll Privilegierter zur Geburt empfangen wurde, noch gibt es ein Schlagfertigkeitsgen in der menschlichen DNS. Woran liegt es also, dass manche Menschen immer eine passende Antwort auf den Lippen haben, die ihren Gesprächspartner zum Schweigen bringt, während andere sich stets verhaspeln, wenn sie etwas Geistreiches von sich geben wollen? Häufig liegt das daran, dass sie nicht dasselbe erlebt haben. Dass sie auf dieselbe Situation anders reagieren kann sehr unterschiedliche Ursachen haben: das Umfeld, in dem sie aufgewachsen sind, die Erfahrungen, die sie gemacht haben, die Menschen, die ihnen begegnet sind, oder auch die bereits unternommenen Anstrengungen, ihre Schlagfertigkeit zu fördern und zu verbessern.

Das Erlernen dieser Kunst ist keiner Elite oder einem bestimmten Menschentyp vorbehalten. Ganz im Gegenteil kann sich jeder mit ein wenig

Motivation die nötigen rhetorischen Fertigkeiten aneignen, beispielsweise in dem man seine Emotionen beherrscht, sich mit Improvisation vertraut macht, sein Vokabular und Antwort-Repertoire erweitert oder sich von Experten in diesem Bereich inspirieren lässt. Unabhängig davon, ob Sie eher introvertiert oder extrovertiert sind, hochgebildet sind oder nicht, von hier oder anderswo kommen, Sie können mit ein wenig Einsatz lernen, sich rhetorisch geschickt auszudrücken, bissig zu antworten oder zum Gegenangriff überzugehen. Sie haben also keine Ausrede – fangen Sie gleich an!

SCHLAGFERTIGKEIT: DIE GRUNDLAGEN

NUTZEN IN DER ARBEITSWELT

Schlagfertigkeit erweist sich nicht nur im privaten Alltag als äußerst nützlich, auch im Beruf birgt sie große Vorteile. Denken Sie nur an den Mitarbeiter, der unter einem Berg Akten versinkt, aber aus Angst, seine Stelle zu verlieren, sich nicht traut, seiner Chefin etwas zu sagen, wenn diese ihn mit der x-ten Aufgabe betraut – oder an den Arbeitslosen, der trotz seiner Kompetenz keine positiven Rückmeldungen nach Vorstellungsgesprächen bekommt, weil er stets ein totales Blackout hat, wenn ihm ein Personaler kritische Fragen stellt. Ein anderes Beispiel ist der Geschäftsführer, der einen Kunden nach dem anderen verliert, weil er nicht begründen kann, warum bestimmte Projekte nicht im Zeitplan bleiben. Sie können sich auch fragen, was ein Kollege bei einer wichtigen Präsentation fühlt, wenn er auf die Frage seines Vorgesetzten eine falsche Antwort stammelt. Sicherlich kennen Sie zahlreiche Personen, die schon einmal eine unangenehme Lage hätten vermeiden können, wenn sie an ihrer Schlagfertigkeit gearbeitet hätten.

Es bietet zahlreiche Vorteile im Beruf, seine mündlichen Fertigkeiten und sein Improvisationstalent zu verbessern. So kann sich dies äußerst positiv auf die Karriere und das Wohlbefinden bei der Arbeit auswirken. Wenn Sie lernen, schlagfertig auf Provokationen und unangenehme Fragen zu antworten, werden Sie auch mit den folgenden Situationen besser umgehen können:

- Präsentation vor einem großen Publikum, unabhängig davon, ob es sich um Kunden, Kollegen oder Entscheidungsträger handelt: Sie fürchten sich nicht mehr vor Kommentaren oder Fragen, da Sie stets eine angemessene Antwort parat haben.
- Rechtfertigung einer Verspätung oder eines Fehlers: Unabhängig davon, ob Sie für den Fehler verantwortlich sind oder nicht, finden Sie immer eine Möglichkeit, sich herauszureden.
- Einstehen für sich und Ihre Ideen vor Ihren Kollegen: Sie sind kein anonymer, unsichtbarer Mitarbeiter mehr, der im Kreis starker Persön-

lichkeiten untergeht, sondern ein eigenständiges Mitglied des Unternehmens und wichtiges Element des täglichen Betriebs.

- Festigung Ihrer Autorität und Verschaffung von Respekt gegenüber Ihrem Team, ohne dabei den Tyrannen geben zu müssen: Ein Chef oder Vorgesetzter, der sich nur als Leader durchsetzen kann, wenn er in seinem Team für Angst und Schrecken sorgt, wird nicht wertgeschätzt und im Ernstfall nicht unterstützt.
- Vorstellungsgespräch und erfolgreiche Bewältigung der Stresstests, mit denen die Personaler Ihre Widerstandsfähigkeit überprüfen: Wenn Sie in allen Situationen Ruhe bewahren, ist es wahrscheinlicher, dass Sie die Personaler davon überzeugen, die richtige Person für die Stelle zu sein.
- Vertragsabschluss mit potenziellen Kunden: Wenn Sie alle Fragen beantworten und Bedenken ausräumen können, werden sie sich wahrscheinlich auch für Sie bzw. Ihr Angebot entscheiden.

Dies sind nur einige Beispiele aus dem Berufsalltag für Situationen, in denen Schlagfertigkeit von Vorteil ist. Alle, die an ihrer Schlagfertigkeit arbeiten, werden die Vorteile aber auch privat spüren, da sie selbstbewusster sowie weniger nervös werden und leichter den eigenen Platz in Gruppen finden. Diese Chance sollten Sie sich nicht entgehen lassen!

SCHLAGFERTIGKEIT

Bevor man beginnt, an seiner Schlagfertigkeit zu arbeiten, sollte man sich jedoch grundlegende Fragen stellen, deren Antworten nicht so eindeutig sind, wie sie zunächst erscheinen: Muss eine schlagfertige Entgegnung unbedingt aggressiv sein und den Gesprächspartner zum Schweigen bringen? Ist eine mildere Antwort, die einen etwas zu nervösen Gesprächspartner beruhigt und einen Konflikt vermeidet, nicht genauso angemessen? Und was ist von einer humorvollen Antwort zu halten, mit der man geschickt einer unangenehmen Frage ausweicht? Welche dieser drei Verhaltensweisen ist vorzuziehen?

Eigentlich gibt es keinen Typ schlagfertiger Antwort, der besser ist als die anderen und in jeder Situation angewendet werden kann. Ebenso wenig gibt es eine Patentlösung, die immer die gewünschte Wirkung hat. Eine schlagfertige

Antwort ist ganz einfach die, die funktioniert –
basierend auf den folgenden Faktoren.

Grundlegende Faktoren

Status und Persönlichkeit des Gesprächs-partners

Natürlich antworten Sie einem Kollegen, den
Sie gut kennen und der auf derselben Hierar-
chiestufe steht wie Sie, nicht genauso wie Ihrem
neuen Chef, den Sie gerade erst kennengelernt
haben. Sie müssen die Persönlichkeit Ihres Gesprächspartners berücksichtigen: Nur weil Sie
in der Hierarchie unter der Abteilungsleiterin
stehen, heißt das nicht zwangsläufig, dass sie
keine ehrlichen, direkten Kommentare von Ihnen
schätzt. In gleicher Weise reagiert auch jeder anders auf bestimmte Arten von Humor: Der eine
Kollege nimmt eine freundschaftliche Neckerei
anders auf als der andere und bei einer Person,
die besonders gut auf schwarzen Humor reagiert,
funktionieren kindische Scherze womöglich gar
nicht. Es ist also wichtig, dass Sie zunächst wissen, wer Ihr Gesprächspartner ist, bevor Sie Ihre
Antwort anpassen können.

<u>Beispiel</u>

Ihr Kollege Robert, neben dem Sie seit 10 Jahren sitzen und den Sie als Freund ansehen, neckt Sie, weil Sie über die Feiertage ein paar Kilo zugelegt haben. Robert ist nicht sehr groß und neigt zu Selbstironie, weswegen Sie ihm entgegnen, dass Sie nun in der Breite haben, was ihm in der Höhe fehlt. Er bricht darauf in schallendes Gelächter aus: „Keine schlechte Antwort!" Einige Stunden später macht Roger, der auch nicht größer ist als Robert, aber nicht so gut damit umgehen kann, einen ähnlichen Kommentar zu Ihrem Gewicht. Sie antworten ihm genauso wie Robert, doch Roger reagiert anders und ist Ihnen böse. Schließlich fragt auch Erik, der neue Abteilungsleiter, Sie mit einem Lächeln, ob Sie beim Weihnachtsbraten nicht vielleicht ein wenig zu viel zugelangt hätten. Erik scheint Ihnen sehr sympathisch zu sein und Sie merken auch, dass er es nicht ernst meint. Dennoch bleibt er Ihr Vorgesetzter und Sie kennen Ihn noch nicht gut genug, um zu kontern. Deswegen begnügen Sie sich mit einem Lächeln und geben zu, dass Ihnen eine Diät durchaus nicht schaden könnte.

Ton des Gesprächspartners

Hören Sie nicht nur auf das, was Ihr Gesprächspartner Ihnen sagt, sondern achten Sie besonders auch auf den Ton, den er dabei verwendet. Ist er wütend? Richtet sich seine Wut gegen Sie persönlich oder gegen die Situation, für die Sie nichts können? Neckt er Sie oder versucht er Sie zu verletzen? Greift er Sie wirklich an oder macht er nur einen harmlosen Kommentar, dessen Tragweite er nicht bedacht hat? Die Antworten auf diese Fragen werden Ihnen dabei helfen, einen angemessenen Ton für Ihre Erwiderung zu finden, um nicht übertrieben zu reagieren. Denn dies könnte Sie paranoid oder unsicher erscheinen lassen und dazu führen, dass Sie Ihrem Gesprächspartner auf den Schlips treten und so Ihrer Glaubwürdigkeit schaden.

Beispiel:
Die Elektriker Marcel und Fabian sind beide auf die Wartung von Elektroinstallationen in älteren Häusern spezialisiert. Nach der Ausführung eines Auftrags geben beide ihrem jeweiligen Kunden die Rechnung. Diese haben dieselbe Reaktion: „Es ist doch verrückt, wie alles immer teurer wird. Vor 10 Jahren hat Ihr Kollege noch halb so viel verlangt!" Marcel nickt und sagt lächelnd: „Das stimmt. Zum Glück arbeite ich doppelt so gut!" Auch der Kunde lächelt und behält Marcels Nummer. Fabian fühlt sich in derselben Situation jedoch persönlich angegriffen: „Finden

Sie den Preis etwa überhöht?" Der Kunde beeilt sich zu antworten: „Aber nein, das wollte ich damit nicht sagen," und bezahlt schnell, um seinen guten Willen zu zeigen. Fabian verlässt den Kunden schlecht gelaunt, während dieser von Fabians Reaktion vor den Kopf gestoßen ist und ihn deswegen nicht mehr beauftragen wird.

Kontext des Gesprächs

Handelt es sich um ein informelles Gespräch am Kaffeeautomaten oder eine wichtige Mitarbeiterversammlung? Sind Kunden anwesend oder ist das Meeting unternehmensintern? War der Tag bisher für Ihren Gesprächspartner vielleicht so anstrengend, dass Sie ihm einen plötzlichen Stimmungswandel verzeihen, weil Sie wissen, dass er nicht wirklich meint, was er sagt? Es gibt Situationen, in denen Humor vermieden werden sollte, und andere, in denen er besonders angebracht ist. Genauso gibt es Momente, wo Klartext geredet werden kann, und Momente, in denen man sein Anliegen lieber subtiler vorbringen sollte.

Beispiel:
Kurz vor Feierabend gibt Paula dem am folgenden Tag fälligen Bericht den letzten Schliff.

Plötzlich erscheint ihre Vorgesetzte Johanna im Büro und wirft ihr vor, zu langsam gearbeitet zu haben, weil der Bericht bereits gestern hätte fertig sein sollen (obwohl Paula die Aufgabe erst heute übernommen hat). Eigentlich ist es nicht Johannas Art, ihre Mitarbeiter anzufahren, vor allem nicht ohne Grund. Paula will ihr im selben Ton antworten, als ihr einfällt, dass Johanna am Nachmittag dem Geschäftsführer über den Fortschritt eines anderen, wichtigeren Projekts Rechenschaft ablegen musste. Wenn man den Gerüchten glaubt, ist die Besprechung nicht sehr gut verlaufen. Paula hat nun Verständnis für die Laune ihrer Vorgesetzten und entscheidet sich für eine andere Taktik: Sie erklärt ihr ruhig, dass sie ihre Wut zwar versteht, sie aber nicht der richtige Ansprechpartner ist, da ihr die Aufgabe erst im Laufe des Tages übertragen wurde und sie ihr Bestes tut, um sie schnell abzuschließen. Johanna gibt ihren Fehler zu und beruhigt sich wieder.

Ihre Persönlichkeit

Indem Sie schlagfertiger werden, erweitern Sie Ihren Handlungsspielraum und ändern gegebenenfalls sogar das Bild, das andere von Ihnen haben, sobald diese Ihre Entwicklung bemerken. Dies ist nicht zu vermeiden und muss nichts

Schlechtes bedeuten. Versuchen Sie jedoch, es nicht zu übertreiben und sich für jemanden auszugeben, der Sie nicht sind. Verwenden Sie also beispielsweise nicht plötzlich platten Humor, wenn Sie diesen nicht mögen und noch nie über einen solchen Witz gelacht haben. Beginnen Sie stattdessen eher mit kleinen lustigen Bemerkungen, die Ihnen eher entsprechen. Genauso sollten Sie nicht plötzlich den Unnachgiebigen spielen, wenn Sie eigentlich von sanfter Natur sind. Stehen Sie für sich ein und lassen Sie sich nicht unterbuttern, aber schüchtern Sie Ihren Gesprächspartner dabei nicht ein. Es liegt ganz bei Ihnen festzustellen, was am besten zu Ihnen passt, womit Sie sich wohlfühlen und was Ihnen liegt. Damit eine Entgegnung funktioniert, muss sie sicher und natürlich klingen. Sie werden niemanden überzeugen, wenn die Antwort gezwungen wirkt.

> <u>Beispiel:</u>
> Petra kann nicht nein sagen, sodass sich ihre Kollegen daran gewöhnt haben, ihr unbewusst einen Großteil der eigenen Aufgaben zu übertragen. Am Ende des Tages ist Petra völlig erschöpft, weil sie zusätzlich zu ihren eigenen Problemen auch noch die ihrer Kollegen lösen musste. Sie

sagt sich, dass sie vermutlich zu nett ist und besser einen anderen Ton anschlagen sollte. Weil sie nicht weiß, wie sie das genau angehen soll, aber verstanden hat, dass ihre Gutmütigkeit die Ursache ihrer Probleme ist, erscheint ihr ein gegenteiliges Verhalten als angebracht. Sie ist überzeugt, dass sie die Böse spielen muss, doch ihre ersten Versuche scheitern. Es gelingt ihr nicht, sich entgegen ihrer Persönlichkeit zu verhalten, sodass sie nicht sehr überzeugend ist. Petra fühlt sich lächerlich und kehrt schnell zu ihren alten Gewohnheiten zurück.

ZUSATZINFORMATION

- Die britische Politikerin Lady Nancy Astor (1879-1964) rief in einer Auseinandersetzung mit Winston Churchill (1874-1965) aus: „Winston, wenn ich Ihre Frau wäre, würde ich Gift in ihr Getränk mischen." Daraufhin erwiderte dieser: „Nancy, wenn Sie meine Frau wären, würde ich es trinken."[1]
- Albert Einstein (1879-1955) sagte zu Charlie Chaplin (1889-1977): „Was ich an Ihrer Kunst am meisten bewundere, ist ihre Universalität. Jeder Mensch auf der Welt

---

1. Übersetzt für 50Minuten.de

begreift sie." Chaplin antwortete darauf: „Das stimmt, doch Ihr Ruhm ist noch viel größer. Die ganze Welt bewundert Sie, obwohl kein Mensch Sie begreift."[2]

- Der Komiker Hardy warf seinem Bühnenpartner Laurel vor: „Du hast ja das ganze Glas ausgetrunken! Wir sollten uns das doch teilen." Darauf entgegnete Laurel: „Es ging nicht anders, mein Teil war der untere."[3]

HILFREICHE VERHALTENSWEISEN

Die perfekte Erwiderung für jede Gelegenheit gibt es nicht, allerdings können Sie mit einigen Faktoren die Schlagkraft Ihrer Antwort beeinflussen. Wenn Sie diese berücksichtigen, sind Sie schon auf dem richtigen Weg zur mehr Schlagfertigkeit.

Haben Sie Vertrauen in sich

Wie bereits gesagt erreichen Sie mit Ihrer Erwiderung wahrscheinlicher Ihr Ziel, wenn Sie sie

---

2. Übersetzt für 50Minuten.de
3. Übersetzt für 50Minuten.de

mit Überzeugung vorbringen. Ihre Einstellung ist dabei essenziell, vielleicht sogar wichtiger als der Satz selbst. Seien Sie also von sich überzeugt und haben Sie keine Angst, etwas Falsches zu sagen. Halten Sie sich aufrecht, den Kopf gehoben und schießen Sie los! Wie der französische Drehbuchautor und Regisseur Michel Audiard (1920-1985) sagte, kommt „ein sitzender Intellektuelle nicht so weit wie ein laufender Dummkopf"[4]. Eine mit Überzeugung ausgesprochene schlechte Erwiderung wird also immer durchschlagender sein, als eine gute, aber verängstigt gemurmelte Antwort.

GUT ZU WISSEN

Werden Sie sich Ihrer Stärken und Schwächen bewusst. Wenn Sie sie akzeptieren, können Sie selbstironisch mit ihnen spielen, sich auf Ihre Stärken stützen und Ihre Schwächen ausgleichen.

---

4. Übersetzt für 50Minuten.de

Seien Sie ungezwungen

Eine gute Erwiderung sollte nicht den Eindruck vermitteln, dass Ihr Leben davon abhängt. Nehmen Sie sich nicht zu ernst. Auch wenn man häufig von „verbalem Schlagabtausch", „Auseinandersetzung" und „Konter" spricht, sollten Sie solche Wortwechsel als Spiel und nicht als Konflikt ansehen. Entspannen Sie sich, haben Sie Spaß und vor allem: Lächeln Sie – denn was ist entwaffnender als ein Lächeln! Es ist der beste Beweis dafür, dass Ihnen die Gemeinheiten, die man Ihnen an den Kopf wirft, nichts anhaben können, weil Sie wissen, was Sie wert sind und Ihrer eigenen Urteilsfähigkeit mehr Glauben schenken als der eines Außenstehenden. Außerdem werden Sie wesentlich natürlicher und ungezwungener sein und dadurch leichter die richtigen Worte finden.

Bleiben Sie spontan und nehmen Sie Abstand

Vielleicht sagen Sie sich, dass genau das Ihr Problem ist. Damit wären Sie nicht allein. Denn meistens findet man die perfekte Antwort leider zu spät. Dabei ist die Lösung so leicht: Versuchen

Sie nicht, nach der idealen Antwort zu suchen. Hören Sie stattdessen Ihrem Gesprächspartner aufmerksam zu, erkennen Sie die Absicht seiner Worte und antworten Sie ihm ganz natürlich.

Indem Sie sich auf Ihren Gesprächspartner, sein Verhalten, seinen Ton und seine Aussagen konzentrieren, sind Sie nicht mehr mit sich selbst beschäftigt und können dadurch etwas Abstand zu der Situation gewinnen. So können Sie spontaner antworten, ohne von Ihren Emotionen geleitet zu werden. Es ist nämlich kein Zufall, dass Sie im Eifer des Gefechts nicht auf die perfekte Antwort kommen, sondern erst, wenn Sie sich entspannt haben. So hatten Sie nämlich die Zeit, die Situation mit etwas Abstand zu betrachten und sich zu beruhigen, sodass Ihr Verstand wieder die Oberhand über Ihre Emotionen gewinnen konnte. Auch wenn es nicht einfach ist, müssen Sie sich für eine schlagfertige Erwiderung von dem Gespräch lösen können.

Achten Sie auf Ihre Körpersprache

Am Erfolg Ihrer Erwiderung trägt Ihre Körpersprache einen nicht zu vernachlässigenden Anteil. Ihre Haltung und Ihre Gesten sagen mehr über Sie und

Ihre Ansichten aus, als Sie glauben. Sie sollten ihnen also besondere Beachtung schenken, damit Ihre besten Erwiderungen nicht ins Leere laufen. Jede einzelne Geste abzuwägen ist jedoch natürlich weder möglich noch ratsam, denn schließlich wollen Sie nicht wie ein Roboter wirken. Auch Experten sind sich zudem nicht immer einig über die Bedeutung verschiedener Gesten. Dennoch gibt es einige eindeutige Körperhaltungen und Reflexe, die Sie vermeiden sollten. Dazu gehören beispielsweise verschränkte Arme bei einem verbalen Angriff, da man seinem Gesprächspartner damit genauso zeigt, dass man sich unwohl fühlt, wie mit einer gestammelten Antwort.

Versuchen Sie stattdessen eine offenere Haltung einzunehmen. Mit natürlich geraden Schultern, Armen am Körper und einem sicheren Stand werden Sie selbstbewusst wirken. Wenn Ihnen dies nicht gelingt, können Sie Ihre Daumen in Ihre Gürtelschlaufen stecken. So können Sie sicher sein, nicht die Arme zu verschränken und bewahren gleichzeitig Ihre offene Haltung. Genauso sollten Sie auf die Gesten achten, die Sie möglicherweise unbewusst machen, aber die Sie in jedem Fall verraten werden:

- den Blick Ihres Gesprächspartners meiden, wenn Sie ihm nicht die Wahrheit sagen
- Ihre Nase berühren, wenn Sie sich unwohl fühlen
- mit dem Fuß auf den Boden tippen, wenn Sie aufgeregt oder gestresst sind
- auf Ihre Lippen beißen oder an den Nägeln kauen, wenn Sie nervös sind

Sie müssen allerdings kein Experte werden, um solche ungünstigen Fehler zu vermeiden. Es reicht schon, wenn Sie sich Ihrer Ticks und Angewohnheiten bewusstwerden und versuchen, sie sich nach und nach abzugewöhnen.

TOP TIPPS

- **Hören Sie zu!** Das ist das Beste, was Sie machen können. Denn um zu wissen, was und wie Sie Ihrem Gesprächspartner antworten sollten, müssen Sie zunächst dessen Botschaft verstehen und ihm dazu aufmerksam zuhören. Wie bereits erwähnt, sollten Sie dabei nicht nur auf seine Worte, sondern auch auf den Ton, in dem er spricht, achten, ebenso wie auf seine Gestik, Mimik etc. Welche Botschaft versucht er zu vermitteln? Welche Absicht verfolgt er dabei? Wo liegen die Schwachstellen in seinen Aussagen, die Sie sich zu Nutze machen können? In Ihrem Umfeld und im Fernsehen hören Sie außerdem jeden Tag treffende Bemerkungen, lustige Aussagen und geniale Formulierungen, die Sie sich aneignen können. So erweitern Sie ganz einfach Ihr Antwort-Repertoire.
- **Üben Sie!** Die Schlagfertigkeit wird nicht wie ein Wunder vom Himmel fallen und Sie in Nullkommanix zu einem Experten in bissigen Antworten und geschickten Ausweichmanövern machen. Wie bei allem, was man lernt, benö-

tigen Sie für Schlagfertigkeit Zeit, Übung und Praxis. Schreiben Sie sich Erwiderungen auf, die Ihnen gefallen, und lesen Sie sie so oft, bis Sie Ihnen von selbst über die Lippen kommen. Üben Sie sie, wenn nötig, vor dem Spiegel – niemand sieht Ihnen dabei zu! – und testen Sie sie unter echten Bedingungen. Danach können Sie analysieren, was gut und was weniger gut funktioniert hat. Genauso können Sie an Diskussionen teilnehmen, anstatt diese zu meiden, weil Sie befürchten sich lächerlich zu machen. Nur so werden Sie sich nach und nach verbessern. Wenn Ihnen das Angst macht, können Sie es auch langsam angehen und sich zunächst an Diskussionen über unverfängliche Themen beteiligen, die nicht emotional aufgeladen sind. Fernsehsendungen, Sportveranstaltungen oder Trends eignen sich hervorragend für Ihre ersten Versuche, Ihre Meinung auszudrücken und ihre Fähigkeiten zu testen. Sie werden schnell merken, welche Sätze Ihnen nutzen, mit welchen Sie sich keine Freunde machen, wann Sie den Ton heben sollten und wann Sie sich zurückhaltender und gleichgültiger zeigen sollten.

- **Lassen Sie sich inspirieren!** Manche Berufsgruppen sind für ihre guten Formulierungen bekannt. Davon können Sie sich inspirieren lassen. Schauspieler beispielsweise haben in ihrer Ausbildung Improvisation sowie szenischen Ausdruck gelernt, wodurch sie sich besonders gut physisch behaupten und Raum einnehmen können. Zudem sind sie in der Regel kulturell gebildet, sodass sie aus einem großen Wissensschatz schöpfen können. Politiker wiederum sind dafür bekannt, schlagfertig auf verbale Angriffe zu reagieren. Sie beherrschen es ebenfalls meisterlich, sich aus Situationen herauszureden, die sie in Verlegenheit bringen sollen. Sehen Sie sich also politische Debatten und Interviews an, um daraus zu lernen! Im Fernsehen werden Sie außerdem auf Kritiker und Comedians stoßen, von denen Sie sich ebenfalls abgucken können, wie Sie blitzschnell scharfes Geschütz auffahren und sich nichts gefallen lassen.

TIPP

Achten Sie bei Ihrer Recherche ebenfalls auf das Verhalten der Person, die Opfer der verbalen Attacke wird. Hält sie stand? Geht sie zum Gegenangriff über? Wenn ja, wie? Wenn nein, welches Verhalten schadet ihr?

- **Lassen Sie sich nicht von Ihren Emotionen überwältigen!** Dieser Tipp ist zwar vermutlich der am schwierigsten umzusetzende, aber gleichzeitig auch einer der wichtigsten. Denn es ist nur menschlich, emotional auf etwas, das man als (persönlichen) Angriff wahrnimmt, zu reagieren. Wenn Ihnen das Thema am Herzen liegt, ist es noch schwieriger, objektiv zu bleiben. Dennoch ist es essenziell, dass Sie ruhig bleiben und Ihre Nerven bewahren, um nicht Ihre Fähigkeiten aufs Spiel zu setzen. Denken Sie daran: Es geht nicht um Ihr Leben, Sie müssen also nicht unnötig in Panik verfallen. Nur so wird es Ihnen gelingen, Ihre intellektuellen Ressourcen in Rekordzeit auszuschöpfen.

- **Arbeiten Sie an Ihrem äußeren Auftreten!** Man kann es nicht oft genug sagen: Die Art, wie Sie eine Antwort in Szene setzen ist genauso wichtig, wie die Antwort selbst. Denken Sie daran, dass die Form entscheidend ist und eine Erwiderung nicht die gleiche Auswirkung hat, wenn Sie sie hinter vorgehaltener Hand murmeln, Sie Ihren Kopf gesenkt halten und wegsehen, wie wenn Sie mit lauter Stimme sprechen, Ihre Schulten gerade halten, lächeln und Ihrem Gesprächspartner in die Augen sehen. Ihre

Körpersprache sagt mehr über Sie aus, als Sie glauben, und häufig hängt der Ausgang der Diskussion von ihr ab. Sie könnten auch Schauspielunterricht nehmen: Es gibt keine bessere Art, seinen Körper kennenzulernen und ihn zu seinem engsten Verbündeten zu machen.

- **Geben Sie sich nicht von vornherein geschlagen!** Sie werden keinen verbalen Schlagabtausch gewinnen, wenn Sie von Anfang an überzeugt davon sind, dass Sie verlieren werden. Vielleicht haben Sie schon davon gehört, dass sich Sportler vor dem Beginn eines Wettkampfs vorstellen, wie sie die Trophäe hochhalten? Man spricht hier von Autosuggestion oder positivem Denken. Indem Sie sich vorstellen zu gewinnen und dies wie ein Mantra immer wieder in Ihrem Kopf abspielen, nehmen Sie eine Gewinnereinstellung an und schaffen die notwendigen Voraussetzungen für Ihren Erfolg. Probieren Sie diese Methode aus und schaffen Sie sich ein positives mentales Bild, in dem Sie einem Gesprächspartner selbstbewusst und ruhig so antworten, dass es ihm die Sprache verschlägt. Durch diese Visualisierung werden Sie wesentlich sicherer sein, wenn die Situation tatsächlich eintritt.

- **Nehmen Sie sich nicht zu ernst!** Zeigen Sie sich humorvoll und selbstironisch und lernen Sie, über sich selbst zu lachen. Das macht Sie stärker für Kritik und Neckereien, da diese Sie dann nicht mehr verletzen werden. Zudem gibt es keine effektivere Methode, Ihren Gesprächspartner zu verunsichern, als ihn lächelnd mit seinen eigenen Waffen zu schlagen. Macht sich ein Kollege von Ihnen darüber lustig, dass Sie kleiner sind als er? Sagen Sie ihm, dass die Menge an Arbeit, die Sie erledigen, antiproportional zu Ihrer Körpergröße ist. Neckt man Sie mit Ihrer Leibesfülle? Antworten Sie mit einem Lächeln, dass Sie dem guten Essen Ihres Partners bzw. Ihrer Partnerin nicht widerstehen können. Sie können auch mit Stereotypen spielen und sie selbstironisch auf sich anwenden. Denn wer kann sich noch über Sie lustig machen, wenn Sie das schon selber tun?

FAQ

IST SCHLAGFERTIGKEIT ANGEBOREN?

Niemand kommt mit einem Talent für Schlagfertigkeit auf die Welt. Es handelt sich nicht um eine angeborene Fähigkeit, die in den Genen festgeschrieben ist oder vom Heiligen Geist überbracht wurde. Vielmehr wird Schlagfertigkeit erlernt. Man erlangt und verbessert die Fähigkeit mit harter Arbeit, Recherche, Versuchen, Misserfolgen, Praxis und Erfolgen. Manche Menschen wachsen in einem Umfeld auf, das sich vorteilhaft auf ihre Schlagfertigkeit auswirkt: gebildete Familie, geisteswissenschaftliches Studium, ausgeprägter Humor etc. Das bedeutet jedoch nicht, dass ihnen allein die Schlagfertigkeit vorbehalten ist.

KANN JEDER SCHLAGFERTIG WERDEN?

Jeder kann lernen, schlagfertiger zu werden. Unabhängig von seiner Herkunft, seiner Persönlichkeit und seinem Bildungsniveau kann man sich immer verbessern, wenn man die dafür nötigen Schritte tut und motiviert ist. Es gibt also keinen Grund, warum man es nicht versuchen sollte.

WAS UNTERSCHEIDET EINE GUTE ERWIDERUNG VON EINER SCHLECHTEN?

Eine gute Erwiderung erreicht ihr Ziel, eine schlechte nicht. Dabei gibt es jedoch keine Erwiderung, die grundlegend gut oder schlecht ist, vielmehr entscheidet ihr (Miss-)Erfolg über diese Einordnung und dieser kann von verschiedenen Faktoren abhängen: die Funktion und Persönlichkeit des Gesprächspartners, dessen momentane Laune, der Kontext des Gesprächs etc. So kann eine Erwiderung in einer Situation gut, in einer anderen jedoch schlecht sein.

WIE SOLLTE ICH MICH VERHALTEN, UM MEINE ERFOLGSCHANCEN ZU MAXIMIEREN?

Die folgenden Verhaltensweisen unterstützen den Erfolg der Erwiderung:

- **Selbstvertrauen**: Eine schlechte Erwiderung, die mit Überzeugung ausgesprochen wird und bei der man seinem Gesprächspartner in die Augen sieht, erfüllt wahrscheinlicher ihren Zweck als eine gute, mit gesenktem Blick genuschelte Antwort. Bei einer mündlichen Auseinandersetzung ist die Form genauso wichtig wie der Inhalt.

- **Humor**: Selbstironie ermöglicht es, sich und die Situation mit Abstand zu betrachten und sie so zu entdramatisieren. Sie nimmt dem Gesprächspartner ebenfalls eine gewisse Angriffsfläche. Außerdem zwingen Sie Ihren Gesprächspartner dazu, seinen Ton zu mildern, wenn Sie der Auseinandersetzung weniger Bedeutung beimessen, da seine Reaktion sonst übertrieben und unsympathisch wirkt.

- **Loslassen**: Wenn Sie aufhören, alles kontrollieren zu wollen, um die perfekte Antwort zu geben, werden Sie wesentlich spontaner reagieren können: Ihre Erwiderungen werden natürlicher sein und damit an Kraft gewinnen. Perfektion ist der Feind des Guten, also zerbrechen Sie sich nicht den Kopf, um die ideale Antwort zu finden, da Sie in diesem Fall vielleicht gar nichts sagen werden. Machen Sie sich nicht zu viele Gedanken darüber, was und wie Sie antworten werden, sondern hören Sie einfach zu, was Ihr Gesprächspartner zu sagen hat, und reagieren Sie darauf mit Überzeugung.

WAS BRINGT ES MIR, SCHLAGFERTIGER ZU WERDEN?

Schlagfertigkeit hat zahlreiche Vorteile, dazu gehört:

- Es wird Ihnen leichter fallen, vor Ihrem Vorgesetzten eine Verspätung oder einen Fehler zu rechtfertigen.
- Sie werden Kunden gegenüber selbstsicherer auftreten und deswegen mehr Verträge abschließen.
- Sie stärken Ihre natürliche Autorität gegenüber Ihren Mitarbeitern.
- Sie haben ein größeres Selbstvertrauen, wenn Sie Ihre Ideen ausdrücken oder Ihre Arbeit präsentieren, und verbessern so Ihr Image innerhalb des Unternehmens.
- Sie sind in Vorstellungsgesprächen kühner und selbstbewusster und daher überzeugender.
- Es fällt Ihnen leichter, sich auszudrücken, weswegen Sie auch besser vor Publikum sprechen.

WIE WERDE ICH SCHLAGFERTIGER?

Es gibt einige Methoden, die dabei helfen, schlagfertiger zu werden:

- **Seien Sie aufmerksam und hören Sie Ihrem Gesprächspartner zu**: Achten Sie auf seine Worte, seine Botschaft, seine Ansichten, seine Gestik etc., um eventuell Schwachstellen in seinen Aussagen zu erkennen, aber auch um sich nicht zu sehr auf Ihre Gefühle zu konzentrieren.
- **Üben Sie so viel Sie können**: Schreiben Sie die Formulierungen und Ausdrücke auf, die Sie aufgeschnappt haben und die Ihnen gefallen, und üben Sie sie vor dem Spiegel, bis Sie sie sich einverleibt haben. Beteiligen Sie sich außerdem an so vielen Diskussionen wie möglich und erweitern Sie Ihr Vokabular.
- **Lassen Sie sich von Experten inspirieren**: dazu gehören Schauspieler, Politiker, Moderatoren, bekannte (Drehbuch-)Autoren etc.
- **Achten Sie auf Ihren physischen Ausdruck und arbeiten Sie, wenn nötig, daran**: Ihre Haltung, Gestik, der Ton Ihrer Stimme, Ihr Gesichtsausdruck etc. vermitteln alle positive oder negative Informationen über Sie und wirken sich auf das aus, was Sie sagen.

- **Beginnen Sie selbstbewusst und siegessicher**: Sie erhöhen die Chancen auf einen Erfolg, wenn Sie sich diesen im Vorfeld bereits vorstellen.
- **Arbeiten Sie an Ihrem Humor und Ihrer Selbstironie**: Lernen Sie ohne Komplexe über Ihr Äußeres, Ihren Charakter oder Vorurteile hinsichtlich Ihrer Herkunft, Ihres Geschlechts oder Ihrer Religionszugehörigkeit zu lachen.

WAS SOLLTE ICH EINEM KOLLEGEN ANTWORTEN, DER SICH STÄNDIG ÜBER MEIN AUSSEHEN LUSTIG MACHT?

Zunächst sollten Sie seinen Worten nicht zu große Bedeutung beimessen, denn diese betreffen erstmal nur ihn selbst. Vielleicht versucht er Sie lediglich aus der Fassung zu bringen und weil er nichts an Ihrer Arbeit auszusetzen findet, greift er Sie anderweitig an. Wenn Sie negativ reagieren und aggressiv antworten, lassen Sie sich auf sein Spiel ein und zeigen ihm, dass er Sie verletzt hat. Versuchen Sie es also lieber mit einer anderen Herangehensweise: Lachen Sie und kontern Sie mit einem Scherz. Es gibt keinen Grund, weswegen Sie sich für sich schämen sollten, also handeln Sie auch nicht so!

Lernen Sie, mit Stereotypen zu spielen und Sie zu Ihrem Vorteil einzusetzen, wenn dies möglich ist. Versucht ein neuer Kollege sich beliebt zu machen, indem er sich über Ihren Hüftumfang lustig macht? Antworten Sie ihm, dass Sie seine Vorgänger alle verspeist haben und auch er bald an der Reihe sein wird. Er macht einen Scherz über Ihre angeblich großen Ohren? Antworten Sie ihm, dass Sie sich deswegen leider alle Dummheiten anhören müssen. Es wird zwar nicht an Angriffsmöglichkeiten mangeln, doch das Prinzip bleibt immer das gleiche: Schämen Sie sich nicht für sich, versuchen Sie Ihre Schwächen nicht zu verbergen, sondern stehen Sie humorvoll zu ihnen und spielen Sie mit ihnen, um Ihre Gesprächspartner auf die Schippe zu nehmen.

WIE ANTWORTE ICH MEINEM CHEF, OHNE ES MIR MIT IHM ZU VERDERBEN?

Sich einem Kollegen gegenüber zu behaupten ist schon nicht einfach, doch wenn es sich um einen

Vorgesetzten handelt, wird es noch komplizierter, da dieser einem den Berufsalltag zur Hölle machen oder einem gar kündigen kann. Auch hier gibt es keine gute oder schlechte Art zu reagieren. Allerdings sind einige Herangehensweisen vorzuziehen und andere auszuschließen. Vermeiden Sie übertriebene Reaktionen, lassen Sie sich nicht von Ihrer Wut leiten und antworten Sie niemals aggressiv. Anstatt Öl ins Feuer zu gießen und damit einen Schwelbrand zu verursachen, der nicht mehr gelöscht werden kann, sollten Sie lieber etwas erwidern, dass die Situation entschärft und Spannungen abbaut.

Auch hier ist Humor also eine gute Lösung. Aber Vorsicht! Drehen Sie Ihrem Gesprächspartner dabei nicht die Worte im Mund herum – denn dies würde ihn lediglich verärgern –, sondern entschärfen Sie sie mit einem selbstironischen Kommentar.

JETZT SIND SIE GEFRAGT!

Wie bereits gesagt, gibt es leider keine erschöpfende Liste von magischen Antworten, die Sie auswendig lernen können, um sie im geeigneten Moment zum Besten zu geben. Eine Bemerkung, die an einem Tag die richtige ist, ist es am Tag darauf vielleicht schon nicht mehr; eine Erwiderung, die Ihren Kollegen zum Schweigen bringt, hat keine Auswirkung auf Ihren Chef und der tolle Witz, über den jeder lacht, wenn Ihr Freund ihn mit Pathos erzählt, bekommt aus Ihrem Munde keine Lacher beschert.

Damit Sie Ihren eigenen Stil finden, müssen Sie so viel Erfahrung sammeln wie möglich und erkennen, was am besten zu Ihnen passt, was für Sie funktioniert und was nicht und unter welchen Umständen.

Sind Sie von pessimistischer Natur?

Pessimismus hilft Ihnen nicht weiter – versuchen Sie es stattdessen mit Autosuggestion und Visualisierung. Probieren Sie dies doch mal aus, wenn Sie das nächste Mal eine Präsentation vor wichtigen Kunden halten müssen oder einem wichtigen Meeting vorsitzen. Nutzen Sie ein paar freie Minuten in Ihrem Tagesablauf, um sich die Szene so vor Augen zu führen, wie sie für Sie ideal wäre. Stellen Sie sich vor, Sie seien selbstbewusst und selbstsicher und könnten auf jede noch so unangenehme Frage schlagfertig antworten. Wiederholen Sie diese Vorstellung in Ihrem Kopf – das wird Sie beruhigen. Anstatt sich auf Ihre Misserfolge zu konzentrieren, sollten Sie eine Liste mit Ihren größten Erfolgen anfertigen. Lesen Sie sich diese täglich durch und Sie werden größeres Vertrauen in Ihre Fähigkeiten fassen und so die idealen Voraussetzungen für Ihren Erfolg legen.

Kennen Sie zwar eine Menge lustiger Antworten, bringen damit aber niemanden zum Lachen?

Das liegt sicherlich an der Art und Weise, wie Sie die Antwort vorbringen. Arbeiten Sie daran, um sich zu verbessern. Dazu können Sie sich von erfolgreichen Comedians inspirieren lassen, indem Sie sich ihre Shows und Fernsehauftritte ansehen. Achten Sie dabei besonders auf ihre Intonation, ihre Gestik, den Gebrauch von Pausen usw. Anschließend versuchen Sie es ihnen nachzutun. Üben Sie vor einem Spiegel oder – besser noch – nehmen Sie sich auf und hören Sie sich an. Diese Übung der Distanzierung zahlt sich in der Regel aus, da man häufig eine verfälschte Vorstellung von der Art hat, wie man von seinen Mitmenschen wahrgenommen wird.

Ist das Gegenteil der Fall und Sie haben zwar eine laute Stimme und einen wachen Blick, aber nicht die Worte, um sich gut zu verteidigen?

Sie wissen nun, wie Sie an Inspiration kommen und Ihr Repertoire erweitern können (Top Tipps). Nehmen Sie sich vor, eine bestimmte Anzahl an Büchern pro Monat zu lesen oder verschiedene Talkshows im Fernsehen anzusehen.

Eine Übung, mit der Sie unabhängig von Ihrem Ausgangsniveau Ihre Schlagfertigkeit verbessern können:

Schlagen Sie ein Wörterbuch auf einer beliebigen Seite auf und nehmen Sie sich das erste Wort vor, das Ihnen ins Auge fällt. Lesen Sie die Definition, nehmen Sie einen Stift und ein Blatt Papier zur Hand und schreiben Sie innerhalb von 10 Minuten alles auf, was Ihnen zu diesem Wort einfällt. Danach strukturieren Sie Ihre Notizen so, dass Sie einen möglichst sinnvollen Vortrag erhalten, selbst wenn dieser nicht sehr interessant ist. Anschließend stoppen Sie die Zeit und versuchen, Ihren Vortrag mündlich zu verteidigen, bis Ihnen nichts mehr einfällt. Nach und nach wird es Ihnen leichter fallen, Sie werden Ihre Ideen schneller strukturieren und über zahlreiche Themen diskutieren können.

Sie kennen sich selbst am besten und wissen, wo Ihre Schwächen und Schwachpunkte liegen. Wenden Sie dementsprechend die passenden Tipps dieses Ratgebers an. So können Sie sich nur verbessern!

Ihre Meinung ist uns wichtig!
Hinterlassen Sie doch einen Kommentar auf der
Seite unserer Online-Buchhandlung
und teilen Sie Ihre Favoriten in den sozialen
Netzwerken!

DARÜBER HINAUS

LITERATURVERZEICHNIS

- *Place des réseaux*: „Avoir de la répartie, vous aussi, vous en êtes capable!" (Okt. 2010). http://www.placedesreseaux.com/Dossiers/ reseau-relationnel/avoir-de-la-repartie-1.html (13.06.2019).

- Cavelier, Yvon: „Comment avoir toujours des idées sur n'importe quel sujet et ne plus jamais louper d'opportunités". *Copywriting Pratique.* (12.12.2012). http://www.copywriting-pratique.com/comment-avoir-toujours-des-idees-sur-n-importe-quel-sujet-et-ne-plus-jamais-louper-d-opportunites/ (13.06.2019).

- Chaudeau, Céline: „Comment avoir de la répartie en entretien d'embauche?" *Kel job.* (2013). http://www.keljob.com/editorial/chercher-un-emploi/ entretien-dembauche/detail/article/comment-avoir-de-la-repartie-en-entretien-d-embauche.html (13.06.2019).

- Denis, Séverine: *Avoir de la répartie en toutes circonstances.* Eyrolles: Paris 2009.

- Dimier, Jean-Charles: „5 astuces pour avoir de la répartie avec succès!" *Succes rama.* (16.04.2011). http://www.succesrama.com/5-astuces-pour-avoir-de-la-repartie-avec-succes/ (13.06.2019).

- Le Quintrec, Florent: „Améliorer sa répartie". *JDN*. (06.10.2008). http://www.journaldunet.com/management/efficacite-personnelle/conseil/ameliorer-sa-repartie/ameliorer-sa-repartie.shtml (13.06.2019).

- Luc, Danièle: „L'esprit de répartie : en avoir ou pas". *Psychologies*. (09.08.2011). http://www.psychologies.com/Moi/Se-connaitre/Personnalite/Articles-et-Dossiers/L-esprit-de-repartie-en-avoir-ou-pas (13.06.2019).

- Martin, Jean-Claude: *Comment avoir le dernier mot : développez votre sens de la répartie pour toujours répondre du tac au tac!* Leduc.s éditions: Paris 2011.

WEITERFÜHRENDE LITERATUR

- Nöllke, Matthias: *Schlagfertigkeit*. Haufe: Freiburg 2018.

- Nowotny, Valentin: *Die neue Schlagfertigkeit: schnell, überraschend und sympathisch. Was Sie von Obama, Merkel, Klitschko & Co. lernen können.* Business Village: Göttingen 2012.

MEHR AUF 50MINUTEN.DE

- Bronckart, Véronique: *Selbstbehauptung. Tipps für gelungene Kommunikation auf Augenhöhe.* Aus dem Französischen von Mareike Lobeck. Plurilingua Publishing: Brüssel 2019.

- Duvivier, Julien: *Selbstvertrauen gewinnen. Tipps und Tricks für mehr Selbstbewusstsein im Beruf.* Aus dem Französischen von Julia Buchrieser. Plurilingua Publishing: Brüssel 2019.

- Gangemi, Rosanna: *Die Macht der Körpersprache. Tipps für die effiziente Nutzung und Analyse von Körpersprache.* Aus dem Französischen von Leonie Kremer. Plurilingua Publishing: Brüssel 2019.

- Nicolas Martin: *Vor Publikum sprechen. Tipps und Tricks gegen die Angst vor Vorträgen.* Aus dem Französischen von Julia Buchrieser. Plurilingua Publishing: Brüssel 2019.

- Peiffer, Christophe: *Erfolgreich überzeugen. Methoden für eine gelungene und überzeugende Argumentation.* Aus dem Französischen von Mareike Lobeck. Plurilingua Publishing: Brüssel 2019.

www.50Minuten.de

ISBN digitale Ausgabe: 9782808020121

ISBN gedruckte Ausgabe: 9782808020138

Pflichtexemplar: D/2019/12603/171

Cover: © Plurilingua

Digitale Aufbereitung: Primento, der digitale Partner der Herausgeber